ANTIQUITÉS D'HERCULANUM.

ANTIQUITÉS D'HERCULANUM,

GRAVÉES

PAR TH. PIROLI,

AVEC

UNE EXPLICATION PAR S.-PH. CHAUDÉ;

ET PUBLIÉES

PAR F. ET P. PIRANESI, FRÈRES.

TOME IV.

BRONZES.

A PARIS,

Chez { PIRANESI, Frères, place du Tribunat, n.° 1354;
LEBLANC, Imprimeur-Libraire, maison Abbatiale Saint-Germain-des-Prés, n.° 1121.

AN XIII. = 1805.

AVERTISSEMENT.

Nous suivons, dans cette Édition, la classification adoptée par les Académiciens d'Herculanum. La peinture a occupé trois volumes; deux volumes renfermeront ce que la Statuaire a vu ressusciter des fouilles de la Campanie, c'est-à-dire, les Bronzes, Bas-reliefs, Bustes et Statues; car, selon Pline, cette dénomination s'applique particulièrement à l'art de jeter en bronze, et les productions du ciseau appartiennent à la sculpture. La rareté des bronzes a fait compter pour une richesse précieuse, ceux qui ont été recueillis dans ces villes antiques et souterraines. Si l'on trouve dans ces ouvrages moins de recherche que dans les productions du pinceau, ils offrent peut-être plus de finesse, plus de sentiment, un goût plus épuré, et surtout à un degré plus sensible, cette vive empreinte qui décèle le génie et la science profonde de l'artiste. Cette collection se rend également intéressante, sous le rapport de l'art et de l'histoire civile et religieuse.

Pour ne point interrompre la suite des Bustes et des Statues, nous les ferons précéder de quelques Bas-reliefs, qui ne sont point en assez grand nombre pour former une série particulière : les Bas-reliefs avec les Bustes formeront le premier volume; le second renfermera les Statues.

mezzo ——— pal. Rom.

PLANCHE I.

(*P.* 257, *t. V de l'Edition royale.*)

Tout concourt à donner un grand prix à ce bas-relief; la matière, le travail, la variété des objets, la beauté de la composition, l'expression des figures et le choix du sujet. La plaque est d'argent, en forme de bouclier, avec un crochet au revers pour la suspendre : c'était sur des boucliers semblables que les anciens faisaient représenter les images et les actions de leurs ancêtres. La mort de Cléopâtre paraît faire le sujet de cette composition, toute pittoresque. Cette reine infortunée, dont la beauté n'a pu désarmer son vainqueur, a fait couler la mort dans ses veines. Ses derniers soupirs sont encore pour l'amant qu'elle a perdu; assise, affaissée par l'effet du poison, la tête penchée sur l'épaule, les yeux mourans, elle expire dans les bras de l'une de ses fidelles esclaves; c'est Carmione, la plus âgée, elle qui prit soin de l'étendre sur le lit royal, parée d'habits somptueux, et qui la suivit chez les morts après avoir rempli ces derniers devoirs. Debout, considérant sa maîtresse dans l'attitude de la douleur, est la jeune Irais, qui la suivit la première. Un Amour, accablé de tristesse, est appuyé sur les genoux de la reine, et déplore sa fin malheureuse.

C'est ainsi que nous avons vu ce même Dieu pleurant l'infortune d'Ariadne (*Peint. t. II, pl. XV*) et éteignant son flambeau devant Narcisse (*Id. t. III, pl. XLVI et XLVII*). Aux pieds de Cléopâtre est le panier de figues renversé, sensible allusion au récit de Plutarque. Les accessoires représentent l'intérieur d'un appartement; c'est ce que désignent le lit, dont on voit une partie, la draperie tendue (*aulæa*) et la petite statue élevée sur une colonne tronquée. La pomme, le vase, la guirlande de myrte et les deux colombes, désignent clairement Vénus dans cette image. Malgré l'heureuse application que l'on peut faire à la mort de Cléopâtre, de plusieurs traits de notre bas-relief, l'explication n'en est pas pleinement satisfaisante; M. Visconti pense que ce sujet appartient à la Mythologie; la figure allégorique de l'Amour ou de Cupidon, ne paraît pas convenir à une histoire; la statue de Vénus et l'offrande des colombes, ne paraissent pas convenir à celle de Cléopâtre : il croit donc que le sujet est Phèdre avec la nourrice, comme sur plusieurs bas-reliefs où l'on voit de même la figure de Cupidon; ses offrandes n'ont pu lui rendre Vénus favorable, et le panier renversé indique qu'elle veut se laisser mourir de faim.

Diamètre, 5 pouces 8 lignes.

DELLA GRANDEZZA
DELL' ORIGINALE

PLANCHE II.

(P. 261, t. V de l'Edition royale.)

CE bas-relief, sur une lame d'argent, est d'un bon travail; on y voit un Satyre aux longues cornes, ceint de la nébride, faisant une offrande devant un Hermès, posé sur un autel rustique. Il est assis, attitude qui convient à une cérémonie religieuse, et joue d'une lyre à sept cordes : quoiqu'il soit rare de voir les Satyres avec la lyre, on les retrouve cependant dans plusieurs monumens, avec cet instrument qui n'est point étranger aux suivans de Bacchus. L'Hermès barbu, et ayant les cheveux roulés autour de la tête, pourrait représenter Bacchus Indien; mais l'objet du sacrifice semble désigner une divinité champêtre d'un ordre inférieur, peut-être Sylvain, souvent représenté sous la forme d'un Hermès. L'autel est ceint d'une guirlande; contre l'arbre est posé un *pedum*, ou plutôt le bâton de chasseur, dit *lagobolos*, parce qu'il servait à assommer les lièvres; sur l'autel est une coupe, qu'on peut supposer pleine de lait; aux branches de l'arbre est suspendue une peau d'animal, dont les oreilles allongées semblent être celles d'un lièvre; on voit encore sur la pierre où le Satyre est assis, la peau d'un animal sauvage, tel qu'un tigre ou une panthère. Ce Satyre paraît donc offrir à la divinité un sacrifice en reconnaissance d'une heureuse chasse, et de la fécondité des troupeaux.

Il paraît probable que ces petits bas-reliefs en argent, et quelquefois en bronze, de forme ronde, ont servi de fonds à des miroirs métalliques. Le Musée Napoléon en possède un en bronze doré, trouvé dans un tombeau, avec le miroir rond métallique.

Trouvé à *Portici*, et gravé de la grandeur de l'original.

T. IV

Tav. 3

DELLA GRANDEZZA
DELL' ORIGINALE

PLANCHE III.

(*P.* 263, *t. V de l'Edition royale.*)

Ces trois Fortunes, relevées en bosse sur argent, sont parfaitement semblables entre elles, et ont les mêmes attributs. Cette réunion des trois figures rappelle qu'il y avait à Rome un temple aux trois Destinées (*tria fata*) qu'on révérait, comme on faisait trois Parques et trois Grâces, divinités qui se confondent dans l'antiquité reculée. Le boisseau sur la tête de la Fortune, comme sur celles d'Isis et de Sérapis, est l'emblême de l'abondance; cet emblême se retrouve encore avec plus d'extension dans la corne d'Amalthée. Le timon désigne la part que prend la Fortune dans le gouvernement des empires et des affaires humaines; le croissant et l'étoile expriment sa domination sur tout l'univers, et peut-être ces signes, qui accompagnent presque toujours la déesse, expriment-ils l'opinion de quelques philosophes, qui attribuaient à l'influence des corps célestes, et sur-tout de la lune, tous les événemens heureux et malheureux. Chaque figure est encâdrée dans le frontispice d'un petit temple; dans le fronton de celui du milieu, on voit une partie du Capricorne, signe qui se retrouve dans les médailles comme horoscope, avec les autres emblêmes *de la fortune d'Auguste*, et qui semblerait désigner ici particulièrement la fortune de ce prince.

Trouvées à *Civita*, et gravées de la grandeur de l'original.

DELLA GRANDEZZA
DELL' ORIGINALE

PLANCHE IV.

(P. 264, t. V de l'Edition royale.)

Ce petit bronze, d'un travail délicat, est plaqué d'argent dans les reliefs; il représente Esculape avec sa fille Hygie ou *Salus*, déesse de la santé. On reconnaît facilement le dieu à sa barbe, à ses cheveux, et à la verge entourée d'un serpent. Sa compagne porte pour attribut la tasse sacrée, d'où l'on voit sortir un serpent, particularité qui donne beaucoup de prix à ce petit monument. La déesse tient aussi dans sa main une petite branche qui n'a point été observée par les Académiciens d'Herculanum, et que l'on peut croire être la panacée. Les figures posent sur un autel, et sont encâdrées par un ornement de feuilles de laurier et de festons. Le laurier était consacré aux trois divinités qui présidaient à la médecine, Esculape, Hygie et Telesphore : on attribuait aux feuilles de cet arbre une vertu extraordinaire; on l'employait dans les triomphes pour purifier les soldats du sang versé dans les combats; on s'en servait dans les lustrations; on disait de celui qui était rassuré contre les dangers, qu'il portait un bâton de laurier. Dans les Hiéroglyphes, le symbole d'une guérison miraculeuse était une colombe qui tenait dans son bec une branche de laurier. L'usage de consacrer des tablettes de métal et de marbre pour solution d'un vœu à une divinité dont on croyait avoir obtenu quelque grace ou faveur, était très-répandu, et l'on peut regarder celle-ci comme l'une de ces représentations votives.

Trouvé à *Portici*, et gravé de la grandeur de l'original.

T. IV

Tav. 8

mezzo ——— pal. Rom

PLANCHE V.

(*Préface de l'Edition originale, page* 37.)

LA main votive dont nous donnons ici la figure sous un double aspect, se rend, par la multiplicité des symboles, plus curieuse que celles déjà connues. Comme dans les autres, les trois premiers doigts sont ouverts, et les deux derniers fermés. On remarque près de la base, dans une cavité, une femme avec un petit enfant; il semble que le sujet du vœu soit exprimé par ces figures, et qu'il se rapporte à un heureux accouchement. L'homme assis, les pieds posés sur une tête de bélier, tenant élevé l'index de chaque main, revêtu du costume phrygien ou persan, habit que les anciens ont donné, par convention, à tous les Orientaux, paraît être ici, sous la figure d'un ministre ou d'un prophête, le symbole du culte mithriaque. Le serpent, la grenouille, le lézard, la balance, la fleur, le fouet, le *tympanum*, le sistre, les cymbales, etc. font allusion aux Divinités révérées par l'auteur de l'offrande, ou à sa croyance religieuse. Il serait difficile de tirer un sens clair et précis de ces sortes d'énigmes, qui, peut-être, n'en avaient pas un bien formé pour ceux même qui les inventaient; on peut les regarder comme les rêves d'esprits blessés par la superstition, ou exaltés par une pieuse reconnaissance, qui voulaient remercier ou appaiser tous les Dieux qu'ils avaient implorés, ou dont ils craignaient le courroux. Aussi n'a-t-on réuni, dans l'explication de ces sortes de monumens, que des conjectures qui semblent se combattre comme les idées superstitieuses qui les ont produits. Le lecteur curieux pourra recourir aux auteurs qui en ont parlé ; Lorenzo Pignorio, Tommassini, Delachausse, Gori, Montfaucon, Caylus, etc. Les Antiquaires donnent à ces mains votives le nom de *Mains de bronze* ou de *Mains Panthées*, c'est-à-dire, consacrées à tous les Dieux.

Celle-ci fut trouvée dans les fouilles de Résine, en 1746.

Hauteur, 6 pouces.

mezzo pal. Rom.

mezzo pal. Rom.

PLANCHE VI.

(P. 1.re, t. V de l'Edition royale.)

CHEZ tous les peuples, nous voyons la religion s'envelopper de mystères; parmi les anciens Grecs et Romains, l'idée d'un Être suprême, seul moteur de toutes les causes et régulateur de l'univers, était, pour ainsi-dire, le secret des philosophes, et cette grande vérité paraissait trop sublime pour être communiquée au vulgaire grossier, dont la superstition se nourrissait de toutes les erreurs du polythéisme. On en retrouve les traces plus ou moins développées dans leurs écrits; mais c'est sur-tout dans les monumens que les opinions religieuses se cachent sous les symboles. Le bronze que nous avons sous les yeux, semblerait appartenir à ces sortes de monumens mystérieux; il représente un Croissant, surmonté de deux petits bustes, avec l'aigle portant la foudre au milieu; cet aigle annonce, dans les médailles et dans les pierres gravées, la présence invisible du grand Jupiter. La tête de Diane, de Proserpine ou d'Isis au milieu du croissant, annonce la puissance de la Divinité manifestée dans cet astre. Ici le symbole de Jupiter semble le montrer comme le régulateur des temps figurés dans les têtes du Soleil et de la Lune, qui,

en séparant le jour et la nuit, forment le mois exprimé par le croissant. Les mutations constantes de la Lune ont été les premières observées, et le cours de cet astre est la mesure la plus sensible et la plus antique qui ait servi à diviser l'année. « Le mouve-
» ment perpétuel du Soleil, dit le poète Aristide
» (*Hym. in Jov. p.* 13) au-dessus et au-dessous de
» la terre, est le commandement donné par Ju-
» piter au Soleil, d'éclairer tout le monde; et les
» cours de la Lune et les révolutions de toutes les
» étoiles, sont une disposition de Jupiter ». Ce passage s'applique merveilleusement à notre bronze, et pourrait aussi aider à l'explication d'autres monumens, où l'on voit la tête même de Jupiter avec le croissant. C'est aussi comme régulateur des jours et des nuits, que Jupiter recevait chez les Romains le nom de *Lucetius* et de *Diespiter* (*Diei pater*); cependant, en adoptant une explication plus simple, et qui a été appliquée avec autorité à des monumens du même genre, on pourrait voir, dans notre bronze, l'apothéose de deux personnages révérés, ou un hommage votif pour la naissance de deux jumeaux, ou peut-être encore le symbole de Jupiter, d'Hécate, ou de Castor et Pollux.

Sur la même planche, on voit un buste de Pallas, avec le casque et l'égide, et une femme aîlée qui peut représenter une Victoire.

incaso. pal — Rom

PLANCHE VII.

(*P.* 2 *et* 3, *t. V de l'Édition royale.*)

Le premier de ces quatre bustes appartient à Jupiter. On reconnaît le père et le maître des Dieux, à son épaisse chevelure, à sa barbe touffue, au diadême qu'il porte, et mieux encore à ce visage majestueux, conforme à l'idée qu'en ont laissée les poètes et les anciens artistes. Ce bronze ressemble au fameux buste du capitole, et nous ferons remarquer ici, d'après l'observation du savant éditeur de ce Musée (*Mus. cap. t. II*), quel soin, quelle exactitude apportaient les anciens, non-seulement à retracer les véritables images des hommes illustres, mais encore à conserver dans les têtes de leurs Dieux et des héros, une ressemblance souvent idéale, mais consacrée par la description des poètes, ou par les premières images que l'art avait produites. Il y avait, dans cette attention, un certain principe de religion qui conserva long-temps ce sentiment du vrai beau, d'où l'esprit de l'homme, après l'avoir trouvé, ne tend que trop, par l'effet de son inconstance naturelle, à s'écarter; on connaît ce passage d'Homère (*Il. a. v.* 528) : « Le fils » de Saturne abaissa ses noirs sourcils, les cheveux

» vénérables du roi s'agitèrent sur sa tête immor-
» telle, et il fit trembler le vaste olympe ». C'est d'après cette description, a remarqué un ancien, qu'Euphranor forma, avec son pinceau, l'image de Jupiter, et que Phidias la jeta en bronze. « Nous
» connaissons la face des Dieux, dit Cicéron (*de N.*
» *D. I.* 30), comme l'ont voulu les peintres et les
» modeleurs, et non-seulement leur visage, mais
» encore leurs ornemens, leur âge, leurs vêtemens;
» ainsi l'on peut dire que Jupiter est barbu, qu'Apol-
» lon est imberbe, que Minerve a les yeux bleus,
» et Neptune, verdâtres ». Des idées ainsi consacrées s'établissent, avec le temps, comme la vérité même.

Le second buste est celui de Junon, qu'on reconnaît à sa couronne radiée, et au voile qui couvre sa poitrine.

Dans le troisième, on voit un Hercule, distingué par la couronne de peuplier, attachée avec une bandelette ou diadême, sorte de consécration, et dont les traits se rapportent aux portraits connus.

Dans le quatrième, est figurée une Diane, dont les cheveux tressés sans ornement étranger, viennent former sur sa tête deux crochets allusifs au croissant; elle porte le carquois et une peau de chèvre ou l'égide.

Fig. supérieure. — Hauteur, environ 3 p.° 4 lig.

Fig. inférieure. — Hauteur, environ 4 p.°

mezzo pal ... Rom.

PLANCHE VIII.

(*P.* 3 *et* 4, *t. V de l'Edition royale.*)

Il serait difficile de fixer le caractère de ce premier buste ; c'est un fragment d'une statue entière. La coiffe et le diadême peuvent désigner une Junon, une Vesta ou une Diane. Le buste casqué représente le dieu Mars sans barbe, comme ce Dieu est représenté le plus souvent. Le troisième buste représente un suivant de Bacchus, couronné de feuilles de lierre et de corymbes ; sa barbe épaisse, la nébride qu'il porte en écharpe, et son âge, qui est celui de la vigueur, indiquent un Faune, ou Satyre d'un âge mûr : les Grecs les appelaient du nom commun de *Silènes*. La figure du quatrième buste est moins équivoque ; elle appartient à Silène, le nourricier de Bacchus ; le front chauve, l'enfoncement du front à la naissance du nez, l'enchâssement exhorbitant de la prunelle, sa barbe descendant en touffes régulières et longues, tous ces traits sont dans le caractère ; la bandelette lui convient aussi, comme prêtre et ministre de Bacchus : tel était le Silène que Bacchus enfant lutinait dans ses jeux. Le Dieu arrache, en badinant, les poils qui hérissent la poitrine de Silène, ou lui pince ses oreilles pointues ; il lui claque sa tête chauve et son court menton, et de son pouce délicat lui presse ses narines de singe (*Nemesianus, Ecl. III,* 31).

T. IV

mezzo pal. Rom.

PLANCHE IX.

(*P.* 5 *et* 6, *t. V de l'Edition royale.*)

Au premier coup-d'œil, on croirait reconnaître un Faune dans ce buste; mais, avec un peu d'attention, on remarquera que, dans cette nature mixte, tout ce qui n'appartient point à la nature humaine a un rapport évident avec les formes d'un taureau, et nullement avec celles d'un chevreau ou d'un bouc. Une expression divine, quoique féroce, répandue sur cette figure, et tous les traits qui la caractérisent, doivent s'appliquer à Bacchus lui-même. Mais alors c'est Bacchus *Sabazius*, le fils de Jupiter et de Proserpine, proprement dit *Zagreus*, ce Bacchus tué par les Titans, et qui cependant reparut depuis sous différentes formes. Ce n'est plus ce Bacchus dont la beauté est celle d'une tendre Vierge; c'est celui dont Athénée a conservé le portrait (*II*, I, *p.* 35) « adolescent, indompté, ayant l'aspect » d'un taureau; jeune et non jeune ». Euripide voulant représenter Bacchus courroucé, le fait aussi paraître avec la figure d'un taureau; c'est le caractère qu'on peut saisir dans le regard, dans les lèvres épaisses, dans les traits ramassés, dans la touffe de poil naissante sur le front et dans l'oreille extraordinaire de la figure. Les cornes et le serpent appartiennent particulièrement à ce Dieu, qui semble offrir le symbole d'une ivresse immodérée et furieuse.

Les formes grasses et potelées, les cheveux longs du second buste, semblent désigner une femme; le caractère de la figure appartient à l'espèce des Faunes; la couronne de lierre avec les corymbes la classe évidemment parmi les suivans de Bacchus; la grenade qu'elle porte à la main rend ce bronze rare et précieux. Quoique ce fruit soit compté au nombre des objets contenus dans la ciste mystique, il n'a point encore été remarqué sur aucun des monumens relatifs aux mystères. Suivant un ancien Mythe, la grenade naquit du sang de Bacchus *Zagréus*, mis en pièces par les Titans, et il était défendu d'en manger les fruits dans les fêtes de Cérès.

CHAQUE BUSTE. — Hauteur, 7 p.° 9 lig.

mezzo pal. ——— Rom.

PLANCHE X.

(*P.* 7, *t. V de l'Edition royale.*)

L'EXPRESSION riante et animée de cette figure, et ses attributs, appartiennent clairement à Bacchus; ses cheveux touffus sont tressés avec des branches de lierre garnies de corymbes, et un large diadême dont les bandes retombant par devant, semblent en faire partie; le bras resserré dans l'une de ces bandes, peut être l'emblême de l'enchaînement des forces par l'ivresse. Mais ce que cette figure a plus de remarquable, ce sont les aîles qu'on lui voit très-rarement. « Les Amycléens, dit Pausanias (*III,* » 19) adoraient spécialement Bacchus, auquel ils » donnaient, autant qu'il me semble, le surnom de » *Psylas;* les Doriens appellent les aîles de ce nom » *Psylas,* le vin soulève les hommes et rend l'esprit » léger, comme les aîles portent les oiseaux ». Ce passage qu'on a cité en faveur de ce bronze, donne plutôt l'explication du sens moral que peuvent offrir à l'esprit les aîles ajoutées à Bacchus, comme symboles, qu'il ne prouve que le Dieu ait été adoré sous la forme aîlée ; nous remarquerons seulement que ces figures aîlées doivent, en général, être plutôt considérées comme les génies des Dieux, que comme les divinités mêmes. Parmi les génies de Bacchus, l'ancienne Mythologie a fait une mention distinguée d'*Acratus :* son nom signifie *Merum*, ou le vin sans mélange d'eau; c'est le génie de l'ivresse.

Hauteur, 10 p.

mezzo. pal ——— Rom.

PLANCHE XI.

(P. 8, t. V de l'Edition royale.)

Le diadême, les corymbes de lierre, le voile qui couvrent la tête de cette figure, indiquent, selon les Académiciens d'Herculanum, un prêtre de Bacchus; les prêtres sacrifiaient aux dieux la tête voilée, usage venu à Rome de la Phrygie. Les ministres du culte affectaient aussi dans leur costume d'imiter leurs divinités, et cette coiffure, *mitra*, dont Bacchus était l'inventeur, lui avait fait donner le surnom de *mitrophore*; le geste expressif de l'index élevé, est, sans-doute, relatif aux mystères; on a cité à ce propos ce vers d'Orphée: « Jupiter, Pluton, le Soleil et Bacchus ne sont qu'un seul »: comme si tous ces Dieux se trouvaient réunis dans Bacchus. C'est pour cela qu'il a été considéré comme le Dieu universel, et qu'il a été appelé *Panthée* (*Auson. ép.* 29 *et* 30). Cependant les accessoires qui peuvent déterminer le caractère de ce buste, servent à M. Visconti pour appuyer une opinion différente; c'est Hercule, habillé en femme, à la cour d'Omphale, et célébrant, avec la reine de Lydie, les fêtes de Bacchus. La célèbre pierre gravée, du cabinet d'Orléans, où

Hercule jeune paraît voilé jusqu'au menton, de la même manière, rend cette opinion presque démontrée.

Hauteur, 8 p.°

T. IV

Tav. 12

mezzo. pal ——— Rom.

PLANCHE XII.

(*P.* 9 *et* 10, *t. V de l'Edition royale.*)

La figure du premier buste est couronnée de feuilles, de corymbes de lierre et de grappes de raisin; dans un pan de sa draperie, elle porte des raisins et des figues, et de la main droite elle penche un vase sur les fruits, comme si elle les arrosait. L'expression gracieuse et délicate de la tête, la jeunesse dont elle brille, conviennent à Bacchus, qui partage avec Apollon le don d'une beauté toujours nouvelle; mais les fibules qui attachent la draperie sur les bras, portent à croire que c'est une nymphe, l'une des nourrices ou compagnes du Dieu, et qui tempère sagement la force de ces fruits par le mélange de l'eau; ce mélange était sacré chez les peuples polis de la Grèce; il n'appartenait qu'aux barbares de boire le vin pur, et c'est ce qu'Anacréon appelle *boire à la scythique*. De-là, peut-être, cette différence du Bacchus sauvage et furieux dont nous avons parlé précédemment (*pl. IX*), et du Bacchus vainqueur et législateur des peuples de l'Orient, portant dans sa beauté immortelle le caractère d'une divinité bienfaisante. La proportion du mélange était ordinairement de trois parties d'eau sur deux de vin, et les plus sobres suivaient celle de cinq à deux.

Le style du second buste peut le faire croire de travail étrusque, ou, pour s'exprimer avec plus de justesse, d'ancien style grec; les lignes droites, l'adhérence des membres au corps qui en font le caractère, attestent la jeunesse de l'art; les Etrusques reçurent, à une époque très-reculée, les arts de la Grèce, ils conservèrent long-temps, avec une espèce de religion, ce même style, sans le changer ni l'améliorer. Comme imitateurs, ils eurent dans l'exécution quelque chose de plus lourd, et qui distingue encore aux yeux exercés, leurs ouvrages de ceux de leurs premiers maîtres. La figure est une Pomone, qu'on reconnaît aux différens fruits qu'elle porte dans son giron; elle est coiffée d'un voile, posé sur une élévation formée par les cheveux sur le front. C'est cette élévation qu'on nomme *tutulus*, et qui se rencontre souvent dans les figures dites étrusques. Le collier, orné de bulles, est aussi un ornement étrusque; ce collier et les yeux sont en argent.

CHAQUE BUSTE. — Hauteur, 6 p.°

ΔΗΜΟϹΘΕΝΗϹ
mezzo pal. Ram.

PLANCHE XIII.

(*P.* 11, 12, *t. V de l'Edition royale.*)

Ce buste précieux porte le nom du personnage célèbre qu'il représente, du prince des orateurs. *Démosthène* naquit à Athènes, environ trois siècles avant celui d'Auguste. L'amour de la patrie arma son éloquence contre les rois de Macédoine. Après une vie agitée, forcé, par la fureur d'Antipâtre, de chercher un asyle dans une terre étrangère, il n'en trouva plus que dans la mort même, et prit du poison dans l'île de Calaurie, l'an III de la 114.e olympiade (le 16 octobre, 122 ans avant l'ère chrétienne). « Voilà, dit Pausanias (*l. VIII*) où cet » amour extrême de Démosthène pour les Athé- » niens, le conduisit; et il me semble qu'on a dit » avec raison, qu'un homme trop dévoué à l'in- » térêt public, et qui se fie trop à la faveur popu- » laire, meurt bien rarement tranquille ». Ce buste fut découvert, en 1753, dans les fouilles de Résine, dans le même édifice où l'on trouva les *Papyrus* et la plus grande partie des bustes. A cette époque, on ne connaissait point de portrait authentique du célèbre orateur. Un marbre trouvé à Tarragon, cité par Fabri (*Ill. imag. n.*° 55) et par

Bellori (*Ill. rhét. n.*° 79), portait le nom de *Démosthène;* mais la jeunesse et la privation de la barbe semblaient indiquer, dans cette tête, un autre Démosthène, peut-être le fils d'Alcisthène, capitaine des Athéniens, commandant une flotte au siége de Syracuse, où il perdit la vie, selon Thucydide (*l. III, p.* 91) et autres historiens. On a remarqué que, dans l'inscription, la forme de l'*epsilon* et du *sigma* répondait à celle du temps d'Auguste. Si ce n'est point un signe assez certain pour fixer l'âge de ce bronze, l'excellence du travail ne l'en place pas moins aux beaux temps de l'art.

Hauteur, 6 p.° 3 lig.

T. IV

Tav. 24

PLANCHE XIV.

(P. 13, 14, t. V de l'Edition royale.)

La ressemblance qu'on saisit entre ce buste et le précédent, peut y faire reconnaître le même personnage, *Démosthène.* Plus grand, mieux conservé, on remarque dans les traits plus de jeunesse et une expression plus vive; mais, dans tous les deux, on trouve ce trait caractéristique qui rappelle cette difficulté dans l'articulation, vaincue par la constance de l'orateur, la lèvre inférieure très-mince, et comme attachée aux dents. Plutarque, dans la vie de Démosthène (*l. II, p.* 847) fait mention de deux statues, qu'on voyait à Athènes en deux lieux différens. On lisait au bas de la statue de bronze, cette inscription, posée par les Athéniens: « Si la valeur de Démosthène eût égalé son éloquence, la Grèce ne serait point encore vaincue » ni asservie au Macédonien. Sa statue, ajoute-t-il, » est placée près le *Perischœnasma* (ou enceinte » de cordes) à l'autel des douze Dieux : c'est l'ouvrage de Polyeucte. Par la suite, et après sa » mort, les Athéniens lui érigèrent une statue dans » le *Forum*, sous l'archonte Gorgias ». On pourrait croire que, entre ces deux statues, il existait la même différence que l'on remarque dans nos deux bustes. Dans le premier, Démosthène est calme et serein, tel sans-doute qu'il parut après avoir pris le poison, ainsi que le décrit Lucien, intrépide et riant. Dans celui-ci, c'est l'orateur foudroyant, tel que le peint une épigramme de l'Anthologie (*V*. 3.) d'après une statue de bronze : « Mais il n'était » point tranquille; enveloppé dans de grandes pen- » sées, il roulait dans son esprit de profonds des- » seins; tel il s'élevait en fureur contre les Macé- » doniens. Certes, cette image morte semblait » lancer de ses lèvres les paroles ardentes ; mais » l'art l'en empêchait, l'art qui l'avait enchaîné dans » le bronze le forçait à se taire ».

Hauteur, 11 p.°

T. IV

Tav. [illegible]

ΖΗΝΩΝ

mez. pal. Rom.

PLANCHE XV.

(*P.* 15, 16 *de l'Edition royale.*)

Le nom de *Zénon* se fait lire sur la base de ce buste; mais l'inscription ne suffit pas pour désigner clairement le personnage. Diogène Laërce nomme huit Zénon; d'autres en comptent jusqu'à quinze. Les plus célèbres sont Zénon d'Elée et Zénon de *Cittium*, petite ville de l'île de Chypre; le premier dialecticien subtil passe pour fils ou pour disciple de Parménide, et pour maître de Périclès; en parlant de ce philosophe, Platon dit qu'il était de l'âge d'environ quarante ans, d'une taille élevée, et d'une figure agréable. Le second, chef et fondateur de la secte des Stoïciens, était, suivant le portrait qu'en donne Laërce (*liv. VII*) petit, très-brun, faible, délicat et maigre, ayant les jambes grosses, et le cou penché d'un côté; du reste, l'air sombre, dur et amer. Les Athéniens l'honorèrent pour son savoir et sa probité; ils lui confiaient la garde des clés de la ville; ils lui décernèrent une couronne d'or et une statue de bronze. Ses compatriotes lui rendirent le même honneur, pensant que l'image d'un tel homme était l'ornement de leur cité; et cette statue, respectée par Caton, seule, ne fut point vendue dans la confiscation du royaume de Chypre (*D. Laërce*, *VII*, 6, *Pline*, *XXXIV*, 8.)

Zénon de *Cittium* ne commença à s'appliquer à la philosophie qu'à l'âge de trente ans, il suivit pendant plus de vingt ans Cratès, Stilpon et Xénocrate; il est propable qu'il était sexagénaire quand il ouvrit son école au portique. Il mourut âgé de 98 ans; d'où il suit que ses portraits doivent porter l'empreinte d'une vieillesse très-avancée. Il ne paraît point que notre bronze réponde à l'idée qu'on doit se faire de ces deux personnages; les monumens connus sous le nom de *Zénon*, n'offrent pas de point de comparaison assez frappant, pour fixer ici l'incertitude. Trouvé dans la maison d'un Epicurien, ce buste semblerait être celui de l'un des Zénon de cette secte. L'un des plus illustres philosophes qui lui appartinrent, fut Zénon le Sidonien, le huitième nommé par Laërce (*VII*, 35) disciple d'Apollodore; il se distingua par la clarté de ses pensées et de ses discours, et laissa beaucoup d'écrits (*id. X*, 25). Cicéron parle aussi d'un Zénon qu'il entendait souvent à Athènes. « Notre Philon, » dit-il, avait coutume de l'appeler le coryphée des » Epicuriens (*De N. D. I.* 21) ». On sait que l'école d'Epicure était suivie des personnages les plus distingués du siècle d'Auguste; et les sectateurs se faisaient, sans-doute, un honneur de posséder les images de leurs maîtres.

Hauteur, 6 p.° 3 lig.

T. IV

Tav. 26

PLANCHE XVI.

(P. 17, 18, t. V de l'Édition royale.)

Le successeur d'Epicure, *Hermarque*, revit dans ce buste précieux; nous y trouvons non-seulement les traits de cet illustre philosophe, mais encore son véritable nom, qui paraît avoir été altéré par les auteurs grecs et latins, qui, en le nommant, ont supprimé la lettre *r*. L'inscription du bronze fait une autorité victorieusement confirmée par un *Papyrus* trouvé dans le même lieu, et dans lequel on lit le nom du philosophe écrit de la même manière. Diogène Laërce a conservé le testament d'Epicure, qui légua à son ami son jardin, ses livres et son école.... « A condition, dit-il, qu'ils » assigneront (il parle de ses héritiers) le jardin » et tout ce qui en dépend, à Hermaque (on trouve » par-tout le nom ainsi altéré), fils d'Agemarque de » Mytilène, et à ceux qui, avec lui, s'appliquent à » la philosophie, et à ceux qu'Hermaque laissera » pour successeurs dans la philosophie, afin qu'ils » s'y exercent à la philosophie....; de plus, qu'Amino» maque et Timocrate (ses héritiers) donneront la » maison située à Mélite (quartier d'Athènes) pour » habitation, à Hermaque et à ses compagnons dans

» la philosophie, tant qu'Hermaque vivra....; » qu'ils donneront tous nos livres à Hermaque....; » qu'ils partageront tous les revenus avec Her- » maque, afin que tout se fasse avec le conseil du » même Hermaque, qui a vieilli avec nous dans » la philosophie, et qui a été laissé par nous pour » chef et maître de tous ceux qui philosophaient » avec nous ». Voilà, sans-doute, un bel éloge de la vie, du savoir et du caractère de notre Hermarque. Laërce dit ailleurs (*l. X*, 13.) : « Il était » fils d'un père pauvre, et, dans le principe, il s'était » appliqué à l'art oratoire. On a de lui ces beaux » ouvrages : vingt-deux lettres d'*Empedocle*, un » traité des *Disciplines*, un traité contre Platon, un » autre contre Aristote. Il mourut de paralysie, et » fut un homme vraîment illustre ». Cicéron (*de Finib. lib. III, p.* 30) rapporte un lettre écrite à Hermarque par Epicure, le jour même qu'il mourut; il lui recommanda les fils de Métrodore, en lui disant : « Comme il est digne de cette affection que » tu as conçue dès l'enfance pour moi et pour la » philosophie, etc. » Nous aimons à rapporter toutes ces preuves d'une longue amitié entre des hommes célèbres : une longue amitié est l'éloge le plus touchant qui suive leur mémoire.

Hauteur, 7 p.° 8 lignes.

T. IV   Tav. 17

mez. pal. — *Rom.*

PLANCHE XVII.

(*P.* 19, 20, *t. V de l'Edition royale.*)

LA ressemblance parfaite de ce buste qui porte le nom d'*Épicure*, avec l'Hermès du Capitole, qu'on pouvait regarder comme le seul portrait connu de ce philosophe, fait une double autorité en faveur de ces monumens, et confirme les remarques judicieuses de l'auteur du musée Capitolin. (Voyez *pl. V et XI*, *et pag.* 14, *t. I.*) Peu de noms sont aussi fameux dans la philosophie, et il n'est point de secte qui ait eu d'aussi nombreux partisans dans l'antiquité. L'indulgence extrême des principes de son fondateur, ou, pour mieux dire, l'abus que les disciples firent des préceptes de leur maître, flatta le goût de la volupté, entraîna plus d'esprits que la sagesse qui les modérait, et appela l'animadversion des hommes sévères sur les Epicuriens. Subjugué par une indolence naturelle qui, peut-être, prenait sa source dans la faiblesse de son tempérament, Épicure se livra à une philosophie contemplative. Concevant la béatitude dans le plus parfait loisir, qui consiste à n'incommoder ni soi-même, ni les autres, il crut indigne de la majesté divine, de se mêler des affaires du monde; il abandonna tout au hasard. Les atômes formèrent l'univers par des combinaisons fortuites; les lois du mouvement et le poids intrinsèque de la matière qui avait tout formé, suffisaient également pour tout gouverner. Du reste, la vie et les mœurs d'Épicure et de ses partisans méritèrent des respects. Cicéron en fait lui-même un bel éloge (*de Finib. II.* 25.) en disant.... « et de ce qu'il fut (Epicure) » un excellent homme, de ce que plusieurs Épi- » curiens furent et sont aujourd'hui fidèles en amitié, » constans dans toute la vie, graves, modérant leur » conduite, non sur la volupté, mais sur le devoir; » il me semble y reconnaître plus de principes » d'honnêteté que de volupté. En effet, plusieurs » vivent de manière, que leur vie réfute leurs dis- » cours; et comme on estime que les autres hommes » parlent mieux qu'ils n'agissent, ceux-ci me sem- » blent, au contraire, agir mieux qu'ils ne parlent ». Ce célèbre philosophe naquit à Gargethe (contrée de l'Attique) l'an III de la 109.e olympiade, et mourut âgé de soixante-deux ans, la seconde année de la 127.e olympiade. Ses sectateurs célébraient sa fête au mois de janvier de chaque année, et faisaient un repas solennel, le 20 de chaque mois, en mémoire de Métrodore, ami d'Épicure, et d'Épicure lui-même, comme il l'avait prescrit par son testament.

Hauteur, 7 p.o 8 lig.

T. IV

Tav. 28

mez. pal. — Rom.

PLANCHE XVIII.

(*P.* 25, 26, *t. V de l'Edition royale.*)

Un marbre du Capitole portant le nom de *Métrodore*, offre assez de ressemblance avec ce buste, pour lui faire donner le même nom. Ce philosophe, né à Lampsaque, fut l'ami fidèle d'Épicure, et n'en fut séparé que par la mort, qui l'enleva sept ans auparavant, à l'âge de cinquante-trois ans : « Homme » de bien en toutes choses, et qui ne se laissa point » avilir devant l'adversité ni devant la mort même », il partagea les respects des Epicuriens avec leur fondateur. Épicure le voulut lui-même; et par son testament, après avoir assuré le sort des enfans de Métrodore, il ordonna que, le 20 de chaque mois, ses disciples honoreraient la mémoire de son ami avec la sienne; ce qui fut religieusement observé tant que dura la secte Épicurienne : preuve touchante d'une amitié profonde, legs généreux et unique par lequel un ami rappelle un ami, qui s'était éteint avant lui, à une succession inaliénable, à une portion de cette gloire qui fait le patrimoine des grands hommes dans la postérité. Métrodore aimait, et prit pour concubine ou pour femme, la courtisanne *Léontium*, disciple elle-même d'Epicure, célèbre par sa beauté, par l'élégance de ses mœurs, par son esprit, et par ses lettres contre Théophraste. Il mourut d'hydropisie, et s'il paraît ici plus jeune et plus sec que dans le marbre du Capitole (voyez *Mus. Cap. tom. I. pl.* 5.), on peut supposer que notre buste le représente avant sa maladie.

Trouvé à Résine, ainsi que les cinq qui précèdent, en 1753.

Hauteur, 6 p.° 10 lignes.

T. IV

PLANCHE XIX.

(*P.* 27, 28, *t. V de l'Edition royale.*)

Des têtes attribuées à Platon, sur la foi de quelques inscriptions apocryphes, ont fait regarder comme des portraits de ce philosophe, des figures à longue barbe, avec les cheveux artistement arrangés, marques de mollesse qui paraissent à peine convenir aux plus efféminés des hommes. La même erreur a eu son application dans le bronze que nous avons sous les yeux. M. *Visconti*, dans son explication de la statue appelée le *Sardanapale* (*Mus. Pio-Clem. t. II, pl.* 41), a prouvé que toutes ces images représentent Bacchus *pogon* ou barbu. Cette opinion se fortifie par la comparaison des monumens; c'est ainsi qu'on retrouve dans le bas-relief, connu auparavant sous le nom du *Festin de Trimalchion*, le Bacchus Indien, parfaitement semblable au prétendu Sardanapale. D'autres figures antiques citées par l'éditeur du musée *Pio-Clémentin*, portent ces mêmes signes de mollesse, que les peuples de l'Orient attribuèrent au Dieu qui les soumit par les plaisirs. M. d'Hancarville (*t. I, pl.* 104) avait été du même avis, par rapport au bronze qui fait le sujet de cette planche, et qui, pour l'excellence de l'art, comme pour la finesse de l'exécution, est l'un des plus parfaits que les siècles aient respectés. L'inclinaison de la tête est un attribut divin qui, comme on sait, désigne les Dieux favorables, se penchant vers les mortels (*respicientes*). La bandelette qui sert à retenir plusieurs touffes de cheveux, est un ornement dont on voit rarement privées les têtes de Bacchus; c'est le diadême qu'il inventa, ou, si l'on veut, le *credemnon*, espèce de voile qui couvrait quelquefois toute la tête, et quelquefois se portait plissé ou roulé en forme de turban. On peut voir le rapprochement de plusieurs images du Bacchus barbu, dans les *Monumens antiques du musée Napoléon, publiés par F. et P.* PIRANESI, *frères. Paris,* 1804, *t. II, pl.* 3 *et suiv.*

Trouvé à Résine, en 1759.

Hauteur, 2 P. 1 p.° 6 lig.

T. IV

Tav. 26

Dec. pal. Rom.

PLANCHE XX.

(P. 29, 30, t. V de l'Edition royale.)

On ne trouve à faire, dans les monumens connus, aucun rapprochement assez exact pour déterminer quel est ce personnage. Le seul rapport qu'on croyait y saisir était avec Architas de Tarente. Cette dénomination n'était appuyée que sur l'ajustement de la coiffure, qui paraissait ressembler à celle d'une tête que l'on voyait sur une médaille attribuée par Fulvius Ursinus à ce philosophe. Il a été prouvé postérieurement, que la tête représentée sur la médaille ne pouvait pas être le portrait d'Architas: d'ailleurs, nous observerons, en adoptant l'opinion de M. *Visconti*, que la coiffure en question, ou cette espèce de turban, ne se voit ordinairement que sur les têtes d'Esculape. Il a cru pouvoir en inférer que ce buste et le portrait en marbre du Capitole ayant la même coiffure, mais une physionomie bien différente, sont les portraits de quelques médecins célèbres. Ce bonnet leur a été donné comme à des personnes obligées de marcher malgré l'intempérie des saisons, et aux heures de la nuit, ayant, d'ailleurs, particulièrement soin de leur santé; par cette même raison, Galien a le bonnet sur la tête dans un médaillon de Commode, du cabinet impérial.

Hauteur, 1 pied 10 p.°

PLANCHE XXI.

(*P.* 31, 32, *t. V de l'Edition royale.*)

Le caractère sombre, farouche et méprisant de cette tête, est à-peu-près la seule autorité qui puisse la faire attribuer à *Héraclite;* cette expression, plutôt qu'une ressemblance marquée dans les traits, est le seul rapport que ce bronze ait avec les figures antiques que l'on croit, et non sans beaucoup d'incertitude, celles de ce personnage. Trouvé dans les fouilles de Résine, en 1723, dans un même lieu avec le buste de la planche suivante, qui lui servait de pendant, et qu'on a dit être un *Démocrite*, on peut encore déduire de cette opposition quelque vraisemblance, pour faire de celui-ci un Héraclite. Ce philosophe, fils de Blison d'Ephèse, florissait vers la 69.e olympiade, et mourut d'hydropisie à l'âge de 60 ans (*Laërce, X,* 1 *et* 3). Il affecta d'écrire avec obscurité; ce qui lui fit donner le nom de *Scoteinos*, obscur, auquel Lucrèce (*I*, 640) fait allusion par ce jeu de mots, *Clarus ob obscuram linguam.* Son système se réduisait à établir le feu pour principe de tout. Laërce le peint comme un homme altier, dédaigneux, atrabilaire « portant par-tout des yeux inquiets, prêt à

» fuir à la moindre trace des pas humains »; une dureté inflexible semble avoir fait le fond de son caractère. Il jugeait tous ses compatriotes dignes de mort, pour avoir exilé Hermodore, son ami : on sait avec quel mépris il rejeta les prières des Ephésiens, qui lui demandaient des lois. Comment concilier une telle misanthropie avec ces sentimens de pitié et de compassion, partant d'une ame généreuse, qui l'auraient fait pleurer sur les folies des hommes ! On ne doit voir, dans cette opinion, qu'une métaphore adoptée par le vulgaire, dont Lucien et Juvénal se sont emparés, comme d'une arme tranchante du ridicule ; qu'une erreur déjà reçue par les peintres du temps de Sidonius Apollinaris, qui rapporte (*l. IX, p.* 9) qu'on peignait Héraclite les yeux fermés, à cause de ses pleurs continuels. Plutarque regarde ce récit comme une fable, et Bayle en démontre l'invraisemblance.

Hauteur, 2 pieds 9 lig.

due pal. Rom.

PLANCHE XXII.

(*P.* 33, 34, *t. V de l'Edition royale.*)

Ce buste mis en opposition avec le précédent, pourrait, comme nous l'avons annoncé, représenter un *Démocrite*. Les artistes et les poètes satyriques ont pris plaisir à opposer un rieur au pleureur atrabilaire. Suivant Sidonius Apollinaris, déjà cité, on peignait Démocrite les lèvres ouvertes par le rire. Ce philosophe vraîment grand, d'un caractère gai et plaisant, fut regardé comme un fou par ses compatriotes, les Abdéritains, qui cependant l'aimaient beaucoup, et lui érigèrent des statues de bronze. On n'en connaît point d'images authentiques. La tête de Démocrite et celle d'Héraclite étaient des sujets de caprice, et pour ainsi-dire de convention, pour exprimer une opposition morale. Laërce rapporte que le philosophe d'Abdère vécut cent neuf ans; il paraît du-moins certain qu'il arriva à un âge très-avancé. Les statues érigées en l'honneur des hommes célèbres, après leur mort, portent le caractère du dernier âge du personnage. Les artistes se faisaient un devoir d'une fidélité scrupuleuse, et suivaient les premiers modèles, ou du-moins la tradition. La jeunesse de notre buste paraîtrait donc peu convenir à Démocrite. D'après cette remarque, on a cherché d'autres rapprochemens, et l'on a imaginé que la physionomie de ce buste pouvait se rapporter à Aristippe : si l'expression de gaîté qu'on y remarque ne répugne point au caractère de ce voluptueux philosophe, on doit considérer que les portraits attribués à ce dernier n'ont aucun degré d'authenticité; et nous croyons plus sage de demeurer dans l'incertitude, que d'adopter une opinion erronée.

Trouvé à Résine avec les deux précédens, en 1753.

Hauteur, 2 pieds 1 pouce 10 lig.

T . IV

Tav . 23

pal . uno ——— Rom .

PLANCHE XXIII.

(*P.* 35, 36, *t. V de l'Edition royale.*)

L'EXTRÊME ressemblance de ce buste avec les têtes antiques, que l'on croit être celles de Sénèque, peut faire reconnaître ici cet illustre philosophe. On n'en connaît point de très-authentiques, et les Antiquaires n'ont guère eu pour comparaison que le portrait dont ils ont pris les traits dans ses écrits même, et dans ceux des auteurs qui en ont parlé. Cependant on a cité un médaillon du genre des *Contorniates*, qui portait le nom de Sénèque, avec une tête semblable à celle que nous examinons. On peut voir les rapprochemens donnés pour éclaircir la question, dans le musée *Capitolin* (*t. II*, *p.* 6). On a aussi élevé quelques doutes sur les têtes qui portaient la barbe, en raison de ce que Sénèque vivait à la cour, dans un temps où tout le monde se rasait; cependant la barbe peut se trouver dans les images de Sénèque, comme un attribut philosophique et, en quelque sorte, conventionnel.

Trouvé à Résine, en 1754.

Hauteur, 1 pied 4 p.° 9 lignes.

T. IV

Tav. 24

due pal. ——— Rom.

PLANCHE XXIV.

(*P.* 37, 38, *t. V de l'Edition royale*).

On a cru, sur de faibles conjectures, voir dans ce bronze l'image de la célèbre *Sapho* de Mytilène, également renommée par l'excellence de ses poésies et par ses amours. Si l'on doit, avec quelques auteurs anciens, reconnaître une autre Sapho de la ville d'Erèse en l'île de Lesbos; si l'on sépare celle dont les vers de feu ont été dictés par Apollon et par l'Amour, de celle qui éteignit, dans les flots de Leucade, sa funeste passion pour Phaon; c'est toujours la première qui doit s'offrir à nos yeux dans les images attribuées à Sapho, tel que le bronze que nous publions. La ville de Mytilène voulut attacher sa propre gloire à Sapho, en en faisant frapper la figure sur sa monnaie : mais la tête de profil qui se voit sur quelques rares médailles, n'a pas, pour faire preuve, une ressemblance assez décidée avec les têtes en sculpture, auxquelles un ciseau moderne a ajouté le nom de cette femme célèbre. Elle florissait vers la 42.e olympiade. Fille de Scamandronyme, elle demeura encore jeune, veuve d'Arcolas, homme riche, dont elle eut une fille, nommée Chlidé. Dans un passage conservé par Stobée (*Serm. XLIX*) elle-même se dit *vieille*, expression qu'on doit, peut-être, regarder comme métaphorique, et désignant qu'elle avait passé le premier âge des amours. On croit qu'elle cessa de vivre vers l'âge de trente-cinq ans; elle fut aimée d'Alcée, d'Anacréon, d'Archiloque et d'Hipponacte. Il n'est resté de ses poésies que deux Odes et quelques passages conservés par les Rhéteurs. Il n'est personne qui ne connaisse cette peinture si vive, si profonde et si vraie des tourmens de l'amour, que Boileau a fait passer dans notre langue. On peut encore chercher quelque trace du génie de Sapho dans l'Héroïde d'Ovide (*Epist. XV*) : les érudits la croient formée de traits empruntés à la Muse Grecque ; on l'a dit petite, très-brune, ayant les yeux étincelans et l'air mâle. Une épigramme de l'Anthologie nous réconcilie avec son visage, dont on a supposé trop gratuitement la laideur (*IV*, 27, *Ep.* 19.). « Peintre, » la nature même devenue en toi artisan, a fait la » Muse de *Mytilène*; le feu s'élance de ses yeux et » découvre cette libre pensée, féconde en vives » images ; la carnation vraie et sans recherche con» serve sa simplicité native ; et ce visage où la viva» cité se confond avec la gravité, nous montre une » Muse dans une Vénus ».

Trouvé à Résine, en 1758.

Hauteur, 1 P. 8 p.° 10 lig.

T. IV

Tav. 25

pal. due — Rom.

PLANCHE XXV.

(*P.* 39, 40, *t. V de l'Edition royale.*)

En commençant la série des bustes, nous avons exposé les images de plusieurs personnages illustres dans les lettres et dans la philosophie, que des inscriptions ou des autorités nous ont fait reconnaître avec plus de certitude que nous n'en apporterons dans l'explication des figures qui en forment la suite; celles-ci peuvent généralement être attribuées à des personnages recommandables par leurs vertus guerrières, par leur rang ou par leur fortune. Le bronze que nous avons sous les yeux, comparé avec une tête en marbre noir, expliquée par *Fabri* (*n.*° 49) peut, comme ce monument, représenter Scipion l'Africain l'ancien (*P. Cornelius*) qui vainquit Annibal, rendit Carthage tributaire; qui, cité dans sa vieillesse par les tribuns du peuple, refusa de répondre à une accusation dont la honte retombait sur ses concitoyens, et vint mourir à *Liternum*, près de Cumes, aujourd'hui *Patria.* Fabri n'a pas laissé connaître les motifs qui l'avaient déterminé à croire que la tête en question était le portrait de ce grand homme. Le seul motif de l'avoir trouvée à Liternum, où, selon le témoignage de Tite-Live (*XXXVIII*, 56) on voyait le monument de Scipion avec sa statue , n'avait pas paru suffisant aux académiciens d'Herculanum pour leur faire adopter cette dénomination. Ils penchaient , comme a fait depuis Winckelmann, à reconnaître dans les deux antiques , l'Emilien , destructeur de Carthage. M. Carlo Fea , dans ses notes à l'Histoire des Arts de Winckelmann (*t. II*, *p.* 365, *Paris*, 1802) a developpé d'une manière judicieuse toutes les raisons qui peuvent dissiper les doutes ; et, d'après ses discussions , nous ne pouvons nous empêcher de reconnaître dans les têtes en question, le portrait certain de Scipion l'Africain l'ancien.

Hauteur , 1 pied 9 pouces.

T. IV

Tav. 26

pal due Rom.

PLANCHE XXVI.

(*P.* 41, 42, *t. V de l'Edition royale.*)

Les traits de ce bronze offrent une grande ressemblance avec les médailles de Sylla et avec quelques autres monumens antiques qu'on rapporte à ce personnage (*Tesoro. br. tom. II, p.* 168.— *Fabri, n.*° 50. — *Morelli, fam. corn. pl.* 4, *n.*os 1 *et* 2.—*Mus. rom. sect.* 11, *pl.* 56). Seulement ici on le retrouve plus jeune, différence qui peut rappeler une époque antérieure au consulat auquel il parvint à l'âge de 49 ans. Il s'était déjà rendu célèbre par la guerre contre les alliés, dans laquelle il ruina les mêmes villes où nous avons trouvé tant d'objets précieux, Herculanum, Pompéïa et Stabia. Il avait obtenu la couronne civique de *gramen*, pour avoir défait une nombreuse armée avec la perte d'un seul homme, s'il en faut croire ce trait et plusieurs autres semblables d'un bonheur extraordinaire. Ce bonheur frappa tellement ses contemporains, que Sylla en reçut le nom de *Felix;* et, certes, on peut regarder comme la preuve d'un bonheur bien rare, que l'inventeur des proscriptions, celui qui fit périr dans les guerres civiles soixante mille citoyens romains, qui fit massacrer froidement, dans Rome, sept mille de ses concitoyens supplians et désarmés, vécût et mourût tranquillement au milieu de tant d'ennemis, après avoir abdiqué l'autorité. « Jamais sa fortune, dit Salluste (*Bell.* » *Jug. p.* 129) ne fut au-dessus de son habileté, et » on a douté s'il fut plus fort ou plus heureux ». On remarque bien dans notre bronze l'expression de cette audace et de cette présence d'esprit qui rendirent Sylla victorieux dans toutes ses entreprises, et pour achever de se le figurer, on peut ajouter à ces traits ce qu'en a dit un ancien : « Ses » yeux bleus avaient quelque chose de farouche, » que la couleur de son visage rendait encore plus » terrible ; c'était une rougeur âpre comme semée » de blanc, ce qui donna lieu à ce mot d'un bouffon » d'Athènes : Sylla est une mûre saupoudrée de » farine (*Plut. in Syll.*) ».

Hauteur, 1 pied 10 pouces 6 lig.

T. IV

Tav. 27

PLANCHE XXVII.

(P. 43, 44, t. V de l'Edition royale.)

On ne peut donner sur ce bronze qu'une conjecture très-hasardée, en s'attachant à une ressemblance éloignée avec les médailles de M. Emilius Lépidus, l'un des triumvirs (*voyez Vaillant, fam. Rom., t. I, fam. Æm.* 6. — *Morelli, fam. Æm.* 2. *Fabri, n.°* 1). La faveur de César, proclamé dictateur par Lépide, lorsque celui-ci n'était encore que préteur, fut la source de sa fortune. Sans aucun mérite personnel, il fut deux fois consul, triompha sans avoir jamais combattu, se trouva à la tête de plus de vingt légions, incapable de les commander; non-seulement triumvir, mais arbitre de la fortune de ses deux compagnons, il sut si peu faire usage de son pouvoir, qu'il fut dépouillé du commandement par Antoine, qui s'était jeté dans ses bras en suppliant, et réduit ensuite par Octave, qui, seul et désarmé, entra dans son camp et déchira ses drapeaux, à demander qu'il lui laissât seulement la vie. C'est bien à ce personnage qu'on peut appliquer cette épigramme de l'Anthologie : « Non, la » fortune n'a point voulu t'élever pour son plaisir, » mais seulement pour montrer qu'elle peut tout, » puisqu'elle a pu t'élever ».

Hauteur, 2 pieds.

pal. due — Rom.

PLANCHE XXVIII.

(P. 45, 46, t. V de l'Edition royale.)

Ce beau bronze offre assez de ressemblance avec la figure très-connue d'Auguste, pour faire reconnaître ici cet Empereur (*voyez mus. Cap. t. II, pl.* 2). Octave, neveu de C. César par sa mère, prit le nom de C. Cæsar Octavianus, après avoir été adopté par son oncle, et, par la suite, celui d'Auguste, qui lui fut décerné par le sénat. Le portrait qu'en donne Suétone (*Oct.* 79) peut compléter l'idée qu'on s'en forme d'après les monumens. Ses traits, d'une grande beauté, avaient encore une grâce que l'âge n'altéra jamais ; son visage était calme et serein, soit qu'il parlât, soit qu'il gardât le silence; il avait les yeux clairs et brillans, les dents rares, petites et cariées, les cheveux légèrement bouclés et tirant sur le roux, les sourcils réunis, les oreilles médiocres; son nez saillant par le haut, fléchissait par le bas. Il avait le teint brun-clair et était petit de stature. L'inscription grecque qu'on lit sur notre bronze (*Apollonius, fils d'Archias, Athénien,* le *fit*) nous offre un nom que plusieurs artistes ont rendu célèbre. Les principaux sont Apollonius de Rhodes, qui fit, avec Tauriscus, le groupe fameux, dit vulgairement le taureau Farnèse; l'Athénien, auteur du torse du Belveder, mais fils de Nestor et non d'Archias; et un autre Apollonius, dont on lit le nom sur une gemme du musée Farnèse (*Stosch. Pierres gr. pl.* 12) représentant une Diane. Si le nôtre n'est pas le même que ce dernier, il mérite au-moins, au jugement des connaisseurs, de prendre place dans cette liste honorable.

On peut remarquer que l'artiste s'est exprimé dans l'inscription au temps parfait *fit*, et non *faisait*, ainsi qu'on le voit le plus souvent; on a regardé cette locution comme une preuve de confiance que d'habiles artistes se permettaient rarement, comme s'ils n'osaient point croire leurs ouvrages parfaits ou finis; cependant elle n'est pas si rare qu'on a paru le croire d'après Pline, qui n'en reconnaissait que trois exemples, et il serait facile d'en citer un assez grand nombre.

Hauteur, 1 pied 11 pouces 4 lig.

T. IV Tav. 29

PLANCHE XXIX.

(*P.* 47, 48, *t. V de l'Edition royale.*)

Ce buste, trouvé avec le précédent dans les fouilles de Portici, en 1753, semble lui servir de pendant; et si, dans le premier, on reconnaît Auguste, on peut voir dans celui-ci son épouse Livie. Parmi les médailles assez rares qui portent le nom de cette princesse (*Patin, à Suet. cap.* 63, *XI, n.*° 4. *Vaillant, num. col. t. I, p.* 77). Plusieurs offrent un rapport assez exact avec les traits et la coiffure de cette figure, pour favoriser cette opinion. La jeunesse qui brille dans les deux têtes, nous offrirait ce couple illustre à l'époque de son union. *Livie Drusilla*, fille de Livius Drusus Claudianus, épousa, à peine sortie de l'enfance, Tibère Néron, dont elle eut Tibère, qui fut ensuite empereur. Son premier fils avait trois ans, et elle était enceinte de son second fils Drusus, quand son mari fut obligé de la céder à Auguste, avec lequel elle avait déjà une intrigue amoureuse. L'oracle consulté sur ce mariage, si nous devions nous en rapporter à Prudence, poète chrétien du 5.e siècle, ne contraria point la suprême puissance, et fit cette réponse adroite qui renferme autant de sel que de complaisance : « Que les torches de l'hyménée ne » pouvaient jamais s'allumer plus à propos que » lorsque la nouvelle épouse apportait dans l'union » conjugale, des marques de sa fécondité ». En conciliant les opinions différentes des écrivains, on trouve que Livie n'avait pas plus de vingt ans quand elle passa dans les bras d'Auguste, qui en avait alors vingt-cinq ; l'âge des personnages dans les deux bronzes, se rapporte assez à cette remarque. D'autres ont cru voir dans le dernier, Julie, fille d'Auguste et de Scribonia, souvent confondue dans les médailles avec sa belle-mère ; mais en laissant des conjectures qui peuvent toujours être combattues, peut-être devrait-on plutôt reconnaître dans ces bustes en forme d'Hermès, quelques divinités, à-moins que l'on ne se plût à considérer cette forme même, comme un signe d'adulation, comme l'indice de l'apothéose.

Hauteur, 1 P. 4 p.° 4 lignes.

pal. uno ———— Rom.

PLANCHE XXX.

(*P.* 49, 50, *t. V de l'Edition royale.*)

SANS recourir à des conjectures recherchées, on pourrait reconnaître dans ce bronze une tête de Mercure; les cheveux crépus, l'inclinaison de la tête; le rapport facile à saisir entre ses traits et ceux du Mercure précédemment dénommé l'*Antin*, favoriseraient cette explication. On a vu dans la sévérité de cette figure, une expression mélancolique qui convenait au portrait moral de ce neveu chéri d'Auguste, son fils adoptif, ce prince vertueux, digne de la fortune à laquelle il était destiné, moissonné dans la fleur de la jeunesse, les amours du peuple romain : « *Marcellus* adolescent, dit Sénèque,
» d'un esprit vif, d'un génie puissant, d'une fru-
» galité et d'une retenue bien admirables dans son
» temps et dans sa fortune, patient dans le travail,
» éloigné des voluptés, capable de porter tout le
» poids que son oncle lui aurait imposé, et pour
» parler ainsi, tout l'édifice de la grandeur qu'Au-
» guste eut voulu fonder sur lui (*Sen. ad Marc.* 2).
» Il tomba, et sa vingtième année s'arrêta devant
» lui (*Prop. III, E. XII,* 35). Jeune homme

» distingué par sa beauté et ses armes brillantes; » mais le front peu joyeux et le visage abattu (*Virg.* » *Æn. VI*, 863) ». Si rien ici ne répugne à ce portrait touchant, si quelques gemmes antiques ayant avec notre bronze un grand degré de ressemblance, ont mérité la même application (*Fabri, n.*° 87. — *Mus. Fiorent, t. I, tav. II, n.*° 5. — *Mus. Cap. t. II, tav. IV, etc.*); nous devons dire aussi qu'aucune autorité suffisante ne l'a confirmée, et nous ne rapportons cette opinion que parce que la mémoire se repose agréablement sur un prince regretté de son siècle, et dont la conservation eut peut-être sauvé le peuple romain de l'oppression et de l'avilissement où il tomba sous ses maîtres après Auguste.

Hauteur, 1 pied 7 p.°

T. IV

Tav.

pal. dec. Rom.

PLANCHE XXXI.

(P. 51, 52, t. V de l'Edition royale.)

On a trouvé, dans ce buste, quelques traits de ressemblance avec le buste de *Caïus Cœsar*, fils aîné de M. Agrippa, et de Julie, fille d'Auguste. Ces rapprochemens incertains cèdent à un examen plus exact qui nous fait reconnaître la figure de *Drusus*, fils unique de Tibère. Les traits de ce jeune prince sont bien assurés par les médailles romaines qui présentent sa tête de profil, et ils se rapportent d'une manière évidente à ceux représentés par notre bronze. Né violent et cruel, il a pu, dans le cours d'une vie peu glorieuse, abrégée par le poison, être jugé plus digne de son père que de son rang. Il s'exposa au mépris du peuple, en prostituant sa dignité dans les danses publiques, dans les spectacles et dans la débauche. Indigné de l'élévation monstrueuse de Séjan, il sut trop peu le ménager, et, s'étant emporté jusqu'à le frapper, il augmenta, par la soif de la vengeance, la fureur du ministre, déjà irrité de rencontrer un tel obstacle à son ambition. Séjan s'associa dans son crime, l'épouse adultère du prince, et Drusus mourut empoisonné. Tibère crut long-temps, ou parut croire que la mort de son fils avait été causée par ses excès; et telle était l'opinion qu'on avait de cette cour infâme, que l'on soupçonna l'empereur d'avoir eu part à un crime si odieux; et si, par la suite, ce soupçon s'évanouit, ce fut moins par l'horreur qu'il devait inspirer, que par la connaissance de la vérité, qui éclata par l'aveu de la femme répudiée de Séjan. Tibère déploya alors une sévérité qui ne parut en lui qu'un prétexte de cruauté. Il voulut cependant épargner Livie, mais en vain; Antonia, la mère de la perfide adultère, la fit mourir de faim.

Hauteur, 2 pieds.

T. IV

Tav. 32

pal. due ——— *Rom.*

PLANCHE XXXII.

(*P.* 53, 54, *t. V de l'Edition royale.*)

COMME on avait penché à voir dans le bronze précédent la figure de Caïus Cæsar, on s'attachait à saisir dans celui-ci les traits de ressemblance qu'il pouvait offrir avec les médailles de Lucius Cæsar, son frère puîné (*Noris, p.* 86, 92, 164, *Patin. Vaill. Morelli*). Ce dernier, mort à Marseille à l'âge de 18 ans, partagea avec son frère, qui ne lui survécut que deux ans, les regrets de l'empereur, regrets si vifs, qu'Auguste ne put s'empêcher de les témoigner dans son testament, en instituant Tibère son successeur, bien qu'il appelle ce dernier moitié de lui-même. C'est à cette affection, plutôt qu'au mérite des deux frères, qu'on doit attribuer cette marque insigne d'adulation que leur donna la colonie de Nîmes, en leur dédiant le beau monument, vulgairement nommé la *Maison quarrée*, qu'on admire encore de nos jours dans cette même ville. On peut voir à ce sujet les savantes dissertations publiées par M. Legrand dans la magnifique édition des Antiquités de la France, sur les dessins de M. Clérisseau, page 64 (*Paris, Didot aîné*, 1804).

En montrant un Drusus à la place de Caïus,

nous avons, en partie, détruit l'analogie qui militait en faveur du présent bronze. L'autorité tirée des médailles est, comme on le voit, très-difficile à appliquer aux monumens que le défaut d'inscriptions rend incertains. Sans ce secours, les médailles mêmes exigent une critique très-sévère et très-approfondie. La diversité des artistes, la différence de leur habileté, l'âge successif des personnages représentés, concourent à multiplier les difficultés, et à augmenter l'incertitude. Au-lieu d'un personnage romain, M. Visconti ne serait pas éloigné de reconnaître dans cette antique une tête d'Hercule jeune.

Hauteur, 1 P. 8 p.° 3 lignes.

pal. mezzo
Rom.

PLANCHE XXXIII.

(*P.* 55, 56, *t. V de l'Edition royale.*)

Si l'induction qu'on a tirée de la comparaison avec plusieurs médailles, rencontre juste (*Haym. t. I*, *p.* 240. — *Séguin*, *Sel. num. p.* 319 *et autres*), ce buste pourrait être celui de la première Agrippine, dite *majeure*, pour la distinguer de celles qui l'ont suivie, d'Agrippine, fille de M. Agrippa, et de Julie, épouse de Germanicus, femme d'un courage et d'une habileté supérieurs à son sexe : ayant ensemble les vertus d'un grand homme et celles d'une honnête femme, on la vit remplir, contre les Germains, la charge d'un bon capitaine, et sauver l'armée ; d'une chasteté impénétrable suivant l'expression de Tacite, son âpre fermeté servit de sauve-garde à sa famille, et la défendit contre Séjan. Exilée par Tibère dans l'île Pandataire, elle donna, en se laissant périr de faim, une dernière preuve de cette rare constance qui fit le fonds de son caractère. Mère trop féconde cependant, et digne d'une meilleure postérité, elle compta parmi ses enfans le farouche Caligula et trois filles incestueuses, dont l'une fut cette infâme Agrippine, mère de Néron. Notre bronze offre encore une ressemblance peu légère avec l'image de cette dernière, bien connue par les médailles, et encore quelque rapport avec le buste suivant de Caligula, circonstances qui viennent à l'appui de notre conjecture.

Hauteur, 7 p.°

T. IV

Tav. 34

pal. uno ——— *Rom.*

PLANCHE XXXIV.

(*P.* 57, 58, *t. V de l'Edition royale.*)

Nous avons, dans l'explication précédente, annoncé ce buste comme celui de C. Caligula. Cette dénomination est également confirmée par la comparaison des médailles et par le portrait que les historiens ont laissé de cet empereur, portrait qui s'applique parfaitement au bronze que nous avons sous les yeux. Tout l'extérieur de Caligula répondait à la cruauté brutale et farouche de son ame. « Il était d'une taille élevée et disproportionnée, » ayant le corps énorme, le cou et les jambes extrê- » mement minces, les tempes enfoncées, les yeux » creux et fixes, le front large et irrégulier, les » cheveux rares, et manquant sur le sommet de » la tête; ajoutez qu'il affectait de rendre atroce » une physionomie que la nature n'avait déjà rendu » que trop affreuse (*Suet. Calig.* 50); en un mot, » son seul aspect était le plus horrible des tour- » mens (*Sen. de irâ, III,* 18) ». Ce monstre, dont aucun autre n'égale l'insolence et la brutalité, qui osa prononcer l'horrible vœu que le peuple romain n'eût qu'une seule tête pour la trancher d'un seul coup, termina sa vie sous les poignards d'une conjuration à l'âge de 28 ans. Elevé dans les camps, Caïus avait reçu le nom de Caligula de celui d'une chaussure, espèce de brodequin, qu'il affectait de porter pour plaire à la soldatesque.

Hauteur, 1 pied 2 pouces.

T. IV

Tav. [illegible]

pal. due — Rom.

PLANCHE XXXV.

(*P*. 59, 60, *t. V de l'Édition royale.*)

La noblesse égyptienne portait les cheveux bouclés, comme on le voit ici, jusqu'à l'âge de puberté: mais par une fausse application du costume et d'autres remarques, on a attribué des têtes semblables à Ptolomée Apion, roi de Cyrène; cette dénomination s'est trouvée dénuée de fondement, et nous croyons qu'on rencontrera plus juste, en prenant pour terme de comparaison les médailles connues de la première Bérénice, dite la grande, qui, femme d'un obscur Macédonien, devint celle du premier Ptolomée, surnommé Soter. Ne laissant rien à la fortune des faveurs qu'elle put obtenir, elle fixa la couronne sur la tête de son fils Ptolomée Philadelphe, que le roi, par complaisance pour elle, au mépris des enfans qu'il avait eus de ses trois premières femmes, plaça lui-même sur son trône; ce grand prince en descendit après un règne glorieux de trente-neuf ans, disant qu'il était plus beau d'être père d'un roi, que roi lui-même. Les médailles de Bérénice acquièrent toute l'authenticité possible par l'effigie de Ptolomée Soter qu'on voit au revers (*Musée du baron Ronchi*); et en remarquant le rapport qu'elles ont avec notre bronze, nous ajouterons encore que la physionomie de cette figure a une expression douce et délicate, qui ne décèle rien de viril, et qui paraît appartenir à la célèbre reine, avec plus de vraisemblance qu'à Ptolomée Appion.

Hauteur, 1 P. 8 p.° 6 lig.

T. IV

Tav. 36

pal. duc. ——— Rom.

PLANCHE XXXVI.

(*P.* 61, 62, *t. V de l'Edition royale.*)

Le rapport qu'on avait cherché entre cette belle tête et celle de Ptolomée Philadelphe, se trouve dénué de fondement. Les médailles de ce prince offrent un portrait tout différent : on se rangera donc avec plus de raison, du sentiment de ceux des académiciens d'Herculanum qui ont cru cette figure celle d'un athlète couronné, ou de l'opinion de M. *Visconti*, qui a démontré le rapport évident qu'elle offre avec les têtes d'Hercule jeune, et particulièrement avec un herméracle à deux faces, du musée Pio-Clémentin (*tome* 6, *p.* 22). Cette double tête est ceinte d'une couronne *tortillée*, d'où sortent, de distance en distance, des feuilles de peuplier, comme ici on en voit sortir, des feuilles de laurier avec de grosses baies. L'Hermès en question devient encore pour nous d'une grande autorité, en ce qu'il était placé dans un lieu où la jeunesse grecque, après les exercices de la palestre, se ceignait la tête de cette espèce de couronne qu'on doit reconnaître pour un ornement athlétique. Si quelque chose rend ici son espèce moins douteuse, ce sont les feuilles du laurier qui paraît être celui que Pline nomme *laurier Delphique :* « Plus vert, à grosses baies rouges, dont on cou- » ronnait à Delphes les vainqueurs, et à Rome les » triomphateurs (*XV*, 30) ». Ceci pourrait encore servir à confirmer la remarque que nous avons faite au sujet des pommes (*mela*) dont parle l'épigramme de l'Anthologie, rapportée dans cet ouvrage (*tome III*, 56). Ces pommes, ainsi dites par une dénomination générale, ne sont autre chose que les baies du laurier Delphique. Les couronnes athlétiques, différentes des couronnes agonales, auxquelles se rapportent celles garnies de rubans pendants (*lemniscatæ*), sont quelquefois dites *roulées;* alors on peut les regarder comme plus semblables à celle d'une autre tête d'Hercule (*mus. Pio-Clem. à l'endroit cité*) où l'on remarque, de distance en distance, des nœuds en forme de fleurs, tirés des bandelettes qui composent la couronne. Ce sont ces mêmes nœuds qui, selon l'explication qu'en donne Pascalio (*de Coronis, l. III, c.* 12) paraissent désignés par l'expression de *tori*, dont s'est servi Ciceron (*Orat.* §. 6.)

Hauteur, 1 P. 11 p.° 2 lignes.

T. IV

Pag. 34

PLANCHE XXXVII.

(*P.* 63, 64, *t. V de l'Edition royale.*)

On s'est attaché à saisir quelque ressemblance entre ce beau bronze et la tête qu'on voit avec le nom de Bérénice sur une médaille publiée dans l'édition royale. Plusieurs reines ont illustré ce nom; celle de la médaille serait la seconde Bérénice, femme de Ptolomée Evergète, princesse vertueuse et guerrière, celle qui, au retour du roi victorieux, se coupa les cheveux et les déposa, en accomplissement d'un vœu, dans le temple d'Arsinoé; peu de temps après la chevelure disparut, et l'astronome Conon publia que la chevelure de Bérénice avait été transportée au ciel, où elle formait une constellation de sept étoiles, situées en triangle près la queue du lion, flatterie ingénieuse qui attacha un souvenir immortel au sacrifice de la vanité d'une bonne épouse, et le rendit plus sûrement célèbre que des faits éclatans confiés à des monumens périssables. Si l'on reconnaît ici Bérénice, il faut supposer que la reine prit soin de l'ornement dont elle avait su faire un si beau sacrifice, et qu'elle a recouvré sa parure; les tresses relevées d'une manière élégante viennent former sur la tête une espèce de diadême. La figure a une espression virginale et sévère : et si l'on remarque avec nous qu'elle est d'une beauté idéale, on ne sera pas éloigné, peut-être, de voir dans ce bronze une image de Diane.

Hauteur, 2 pieds 4 lignes.

T. IV

Tav. 38

PLANCHE XXXVIII.

(*P.* 65, 66, *t. V de l'Edition royale.*)

PLUSIEURS bustes de cette suite ont paru appartenir à la race des Ptolomée ; mais les caractères n'en sont pas toujours assez frappans pour réunir, dans leur dénomination, le sentiment des antiquaires. Les académiciens d'Herculanum se contentent d'indiquer un léger rapport des médailles avec ce bronze, en faveur du VII.ᵉ Ptolomée. Ce prince, distingué par des vertus éminentes, est connu sous le nom de Philométor (*ami de sa mère*), qu'il prit en reconnaissance des soins prudens et généreux avec lesquels Cléopâtre administra le royaume pendant sa minorité. M. Visconti reconnaît dans ce buste le portrait de Ptolomée I.ᵉʳ, fils de Lagus, l'un des généraux d'Alexandre-le-Grand, fondateur de la dynastie des Lagides, et du royaume grec d'Egypte, si nous pouvons nous servir de cette expression pour exprimer la révolution qui se fit dans les mœurs et dans le gouvernement de ce peuple, après la conquête des Grecs. Chacun des Ptolomée se trouve particulièrement désigné par un surnom ; celui-ci eut le surnom glorieux de Soter ou de Sauveur, qui lui fut décerné avec des honneurs divins, par la reconnaissance des Rhodiens, dont il conserva la liberté contre les entreprises de Démétrius. Son premier nom, moins fastueux, n'en est pas moins célèbre ; il l'honora lui-même en l'imprimant à sa race; peu sensible au reproche qu'un grammairien osa lui adresser sur l'obscurité ou le mystère de sa naissance, il sentit, sans-doute, que le nom du plus grand capitaine qui servit sous Alexandre, était assez illustre. Il donnait à ce nom un nouvel éclat par la splendeur de la puissance, par la gloire immortelle qui résulte de la protection des lettres et des arts, et par cette véritable grandeur qui naît de la modération : en effet, le fils de Lagus eut la plus belle part dans l'héritage du conquérant de l'Asie, fonda la bibliothèque d'Alexandrie, et, de son vivant, fit monter sur son trône l'un de ses fils, en disant qu'il était plus beau d'être père de roi, que roi soi-même.

Hauteur, 2 P. 7 p.°

T. IV

PLANCHE XXXIX.

(*P.* 67, 68, *t. V de l'Edition royale.*)

On a çru voir, dans ce buste, Ptolomée Lathyre, fils de Ptolomée Physcon, le VIII.e de sa race. Ce surnom de Lathyre, celui que, parmi plusieurs autres, les historiens emploient le plus généralement, paraît, par sa signification grecque (*pois-chiche*) tirer son application d'un signe qu'avait ce prince au visage, comme on vit appeler à Rome, pour une cause pareille, les ancêtres de M. Tullius, du nom de Cicéron. Ce prince guerrier passa presque tout son règne à défendre sa couronne, et principalement contre son frère puîné, Ptolomée Alexandre, qu'au préjudice de ses droits, Cléopâtre avait investi de la puissance royale. M. Visconti trouve, dans la comparaison des médailles, une autorité plus forte en faveur du portrait d'Antiochus Théos (*Dieu*), roi de Syrie, fils d'Antiochus, I.er Soter, et père de Séleucus II. Le nom de Théos fut décerné à ce prince par les Milésiens, qu'il avait délivrés de leur tyran Timarque. Antiochus II ne couvrit point, par sa gloire personnelle, cet excès de l'adulation; malheureux dans ses guerres, il se vit dépouiller, par la révolte des Parthes, de toutes les provinces qu'il possédait au-delà de l'Euphrate. Cette époque mémorable est celle de l'établissement de l'empire des Parthes, fondé par Arsace, et qui devint si redoutable à tout l'Orient, et aux Romains même. Les historiens placent cette époque trois ans avant la 133.e olympiade, environ trois cents ans avant Jésus-Christ.

Hauteur, 2 pieds 1 p.e

pal. due ———— Rom.

PLANCHE XL.

(*P.* 69, 70, *t. V de l'Edition royale.*)

ON reconnaît dans ce bronze, avec quelque vraisemblance, le portrait de Ptolomée Alexandre, frère de Lathyre. Ce prince n'eut de roi que le nom, tandis que sa mère Cléopâtre, qui le mit sur le trône pour régner elle-même, en eut toute l'autorité. Cette Cléopâtre figure parmi les illustres criminels de l'ambition : après avoir, par un artifice atroce, attiré la haîne du peuple d'Alexandrie sur son fils Lathyre, qu'elle fit expulser, elle osa conspirer contre la vie d'Alexandre, qu'elle soutenait à sa place. Victime elle-même d'un crime aussi affreux, elle périt assassinée par les ordres de ce même fils. Le parricide fut chassé du trône où remonta son frère, et il périt en combattant pour s'emparer du royaume de Cypre, vacant par le retour de Lathyre.

Hauteur, 2 P. 4 lignes.

pal. uno
Rom.

PLANCHE XLI.

(*P.* 61, 62, *t. V de l'Edition royale.*)

Ce buste, tout-à-fait inconnu, n'a de remarquable que la coiffure. Les cheveux, qui paraissent naturellement crépus, sont disposés en anneaux sur le front et sur les tempes; ils sont assujétis sur le sommet de la tête qui reste lisse, par deux longues tresses partant des oreilles, et formant un double tour. Ce costume et les traits de la figure, annoncent un habitant de l'ancienne Mauritanie. Strabon parle du soin extrême que prenaient ces peuples, de l'arrangement de leurs cheveux. On a fait cette remarque à l'égard d'une tête du roi Juba; et, quoiqu'on ait observé que les peuples de l'Asie, les Grecs, les Toscans, et des Romains même, avaient l'usage de boucler leurs cheveux, le caractère de notre buste ne peut être attribué qu'à un Maure ou à un Ethiopien.

Hauteur, 1 P. 8 p.°

T. IV Tav. 42

pal. uno Rom.

PLANCHE XLII.

(*P.* 63, 64, *t. V de l'Edition royale.*)

LE personnage que peut représenter ce buste est inconnu. Ses cheveux longs et bouclés naturellement, peuvent seuls lui assigner un caractère. On sait que les jeunes Grecs conservaient leur chevelure jusqu'à l'âge de puberté. A cet âge, on la coupait pour l'offrir à Hercule, à Apollon ou à quelque fleuve. Les enfans la conservaient aussi chez les Romains ; de-là on les appelait *Capillati* ou *Comati*. Il paraît que la famille des Cincinnatus conservait particulièrement cette parure, comme une devise qui rappelait son premier auteur et l'origine de son nom. Suétone accuse Caligula d'avoir enlevé cette distinction à un Cincinnatus. La chevelure longue était particulièrement considérée comme une marque de molesse qui distinguait les mignons et les jeunes gens adonnés aux plaisirs. Anacréon, Horace, Pétrone, tous les poètes voluptueux vantent les cheveux longs de leurs favoris. C'est ainsi que sont peints les jeunes gens célèbres par leurs amours dans la fable, Hyacinthe, Ganymède, Nirée, Achille et Thésée ; Thésée qui, voulant, selon l'usage, consacrer sa chevelure dans le temple d'Apollon à

Delphes, se la fit seulement couper sur le front. La tête de notre bronze n'a rien dans les traits qui convienne à l'un de ces personnages renommés par leur beauté; on peut penser, avec quelque vraisemblance, qu'elle représente un mignon, ou un jeune homme qui n'avait point encore quitté les bancs de l'école.

Hauteur, 1 pied 6 p.

T. IV

Tav. 43

pal. dec — Rom.

PLANCHE XLIII.

(*P.* 65, 66, *t. V de l'Edition royale.*)

CETTE tête, d'un grand caractère, n'est donnée à aucun personnage connu. Trouvée avec celle de Sylla, on pourrait présumer qu'elle est celle de quelque chef de la ligue italienne dans la guerre des alliés, où le capitaine Romain s'illustra. L'espèce de casque dont la tête est couverte, n'est point sans exemple dans les monumens, quoique assez rare. Homère peint Diomède partant pour espionner dans le camp ennemi, avec un casque rase, sans aucun ornement; il nomme ce casque *Cataityx*; on a cru que l'armure ainsi désignée se rapportait beaucoup à celle dite *Cassis*, en usage chez les Etrusques et les Romains. Plutarque rapporte que Camille fit faire à ses soldats des casques de fer lisses, afin que l'épée de l'ennemi glissât dessus, et parât la force du coup. On retrouve l'usage de cette armure dans des temps plus rapprochés, puisqu'on la remarque dans des figures de la colonne Trajane (*Fabretti, col. tr. p.* 213).

Hauteur, 2 P. 6 p.°

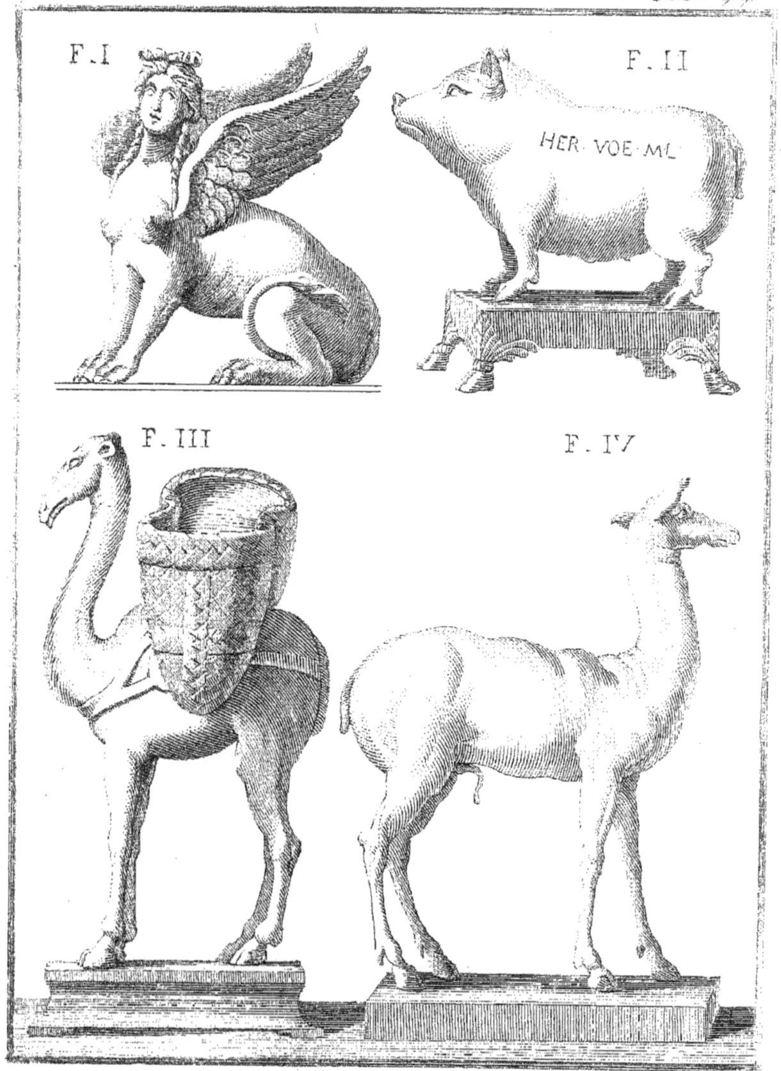
F. I
F. II
HER· VOE· ML
F. III
F. IV

PLANCHE XLIV.

Nous terminerons ce volume en rassemblant dans quatre planches divers petits bronzes représentant des animaux et des masques, et dont les figures servent de vignettes et de culs-de-lampe à l'édition royale. La naïveté qui règne dans ces petits sujets, et souvent la perfection avec laquelle ils sont traités, prouvent combien le goût des anciens savait se plier à tous les genres.

Fig. I (*Préf. pag.* 3, 273 *de l'Edition royale.*)

Sphinx grec. Cette espèce de Sphinx se distingue par les aîles et par les mamelles; le Sphinx égyptien était sans aîles : des Sphinx comme celui-ci se trouvent souvent dans les monumens grecs, où ils sont un attribut de Bacchus. Une pareille figure était l'emblême de l'île de Chio, et paraît constamment sur les monnaies de cette île.

Fig. II (*pag.* 71, 278, *t. V de l'Edition royale.*)

Truie votive avec une inscription. La truie fut la première victime qu'on offrit dans les sacrifices. On l'immolait dans les traités de paix, dans les noces, et généralement dans les lustrations et les expiations. Chez les Romains, on sacrifiait une truie pleine à Hercule et à Cérès avant le douzième jour des kalendes de janvier (*Macr. Sat. III*, 2). Parmi les conjectures nombreuses données pour l'explication de l'inscription, voici celle qui paraît la plus simple :

HER*culi* **VŒ***sius* *Marci* **L***ibertus*.

A Hercule, Vœsius affranchi de Marcus.

On sait que les affranchis joignaient à leur nom propre le nom de leur patron, et que souvent ils prenaient ce nom seul. On en peut voir des exemples dans *Muratori* et dans *Gruter*; ce dernier fait mention de la famille *Vœsia* (*P. CCCLXXIX*, 12).

Fig. III (*ibid. pag.* 4, 273).

Chameau avec un double panier; c'est ce qu'on appelait proprement *Clitellæ*.

Fig. IV (*ibid. pag.* 95, 279).

Biche d'un excellent travail.

T. IV

PLANCHE XLV.

FIG. I (*pag.* 25, 274, *t. V de l'Édition royale.*)

UN Amour assis sur le nœud que forment les queues de deux chevaux marins; dans les jambes de ceux-ci on remarque deux dauphins. Ce joli groupe, d'une excellente exécution, semble offrir l'allégorie de la puissance de l'Amour sur la terre et sur la mer. C'est dans ce sens qu'une épigramme de l'Anthologie le peint tenant une fleur d'une main et de l'autre un Dauphin.

« Cet Amour nu, pourquoi rit-il? pourquoi est-il » tranquille? pourquoi n'a-t-il pas son carquois et » ses flèches de feu? Ce n'est pas en vain qu'il tient » dans sa main un Dauphin et une fleur: dans celle-» ci, il tient la terre, et dans l'autre, la mer ».

FIG. II (*ibid. pag.* 57, 77.)

Deux Mascarons, têtes de tigres. On en conserve au musée de Portici onze autres semblables; ils furent trouvés tous ensemble dans les fouilles de Résine en 1759; ils étaient disposés autour d'un grand réservoir d'eau, ou vivier en quarré long, tout doublé en lames de plomb. A la gueule de chaque tête, correspondait un tuyau en plomb pour servir à la décharge du réservoir. Ces sortes de Mascarons, employés pour l'écoulement des eaux dans les fontaines ou dans les vasques, prenaient leurs noms des diverses figures qu'on leur donnait; de-là, ces noms de *Sylvains*, de *Marsyas*, d'*Atlas*, de *Chiron* et de *Canthare*, pris de la forme d'un vase, qu'on lit dans plusieurs auteurs. Vitruve dit que l'extrémité des tuiles, servant à l'écoulement des eaux sur les toîts, était en forme de têtes de lion ou d'autres animaux; et, en effet, on a trouvé une grande quantité de ces sortes de tuiles au temple d'Isis à Pompéia. Tout le monde sait que l'usage ingénieux de ces figures, quoique moins général, n'a pas été négligé par l'architecture moderne.

T. IV

PLANCHE XLVI.

Fig. I (*pag.* 42, 43, *t. V de l'Edition royale.*)

Masque bachique, clairement désigné par les attributs du Dieu des vendanges, le diadême, le lierre avec ses corymbes, la jeunesse et la gaîté de la figure.

Fig. II (*ibid. pag.* 47, 277.)

Autre masque bachique. Le diadême et les corymbes, la figure même, appartiennent clairement à un sujet Dionysiaque; mais les feuilles longues qui percent à travers les cheveux sont un attribut moins connu, à-moins qu'on ne veuille y reconnaître quelqu'espèce de lierre. Nous pourrions encore faire remarquer que le myrte, le laurier, la palme, et en général toutes les plantes et les fleurs, convenaient à Bacchus, l'un des grands symboles de la fécondité de la nature.

Il est probable que ces deux masques représentent *Acratus*, génie Dionysiaque, plutôt que la divinité principale des orgies.

Fig. III (*ibid. pag.* 43, 277.)

Masque de Silène ou de Satyre. Les oreilles alongées qui semblent tenir de la nature de la chèvre, appartiennent également à ces deux espèces de suivans de Bacchus. Nous avons fait remarquer, dans ce même volume (*n.° VIII*) et ailleurs, les signes qui les caractérisent.

FIG. IV (*ibid. pag.* 51, 277.)

Autre masque de Silène.

F. I

F. II

F. III

PLANCHE XLVII.

Fig. I (*pag.* 27, 275, *t. V de l'Edition royale.*)

Tête de lion avec un anneau mobile dans la gueule. Cette pièce, trouvée à Portici, était fixée dans une planche, et paraît avoir, suivant l'usage moderne, servi de poignée à une porte ou à un tiroir.

Fig. II (*ibid. pag.* 51 *et* 277.)

Masque tragique d'un très-beau caractère.

Fig. IV (*ibid. pag.* 63, 278).

Un victimaire avec un sanglier. Cet animal est bien caractérisé par le poil hérissé qui borde l'épine du dos, et par les défenses. La large bande dont il est ceint est la parure du sacrifice. On désignait par ce nom de victimaire les servans du sacerdoce, qui conduisaient et tuaient les victimes; ils étaient nommés encore plus particulièrement *popæ.* On les retrouve dans la colonne Trajane parfaitement semblables au nôtre, nus jusqu'à la ceinture, avec une espèce de tablier, proprement dit *limus.* Ce bronze est très-curieux en ce qu'il représente un sanglier doux et privé. Il n'est point difficile, dit Varron (*de Re. R. III*, 13) de les apprivoiser et de les engraisser en les tenant dans une garenne. On immolait le sanglier à Jupiter quand on faisait devant lui un serment solennel; c'est le sacrifice que fit Agamemnon en jurant qu'il n'avait point touché à Briséis; c'est celui qui était en usage pour le serment des juges aux jeux olympiques. On sacrifiait aussi le sanglier à Hercule, comme on le voit dans un monument publié par Muratori (*LXII*, 9). La couronne que porte le victimaire pourrait servir à faire connaître la divinité à qui est offert le sacrifice, si cette couronne était plus distincte; on sait que les couronnes des sacrificateurs se faisaient avec les feuillages ou les plantes consacrées à la divinité qu'on célébrait; mais le bronze ne laisse pas distinguer à quel arbre appartiennent les feuilles.

T. IV

Tav. 48

F. I

F. II

F. III

PLANCHE XLVIII.

FIG. I (*pag.* 89, 279, *t. V de l'Edition royale.*)

DEUX têtes de chevaux d'un beau travail, garnies de leurs harnois. Nous avons déjà eu occasion de faire quelques remarques à ce sujet (*Peint. t. II, N.° XLIV*).

FIG. *II* (*ibid. pag.* 101, 279).

Un lion, bas-relief. Il ne paraîtra peut-être pas inutile d'observer que la plupart de ces petits bronzes, et particulièrement les masques, servaient d'ornement à d'autres monumens auxquels ils étaient fixés.

FIG. III (*ibid. pag.* 113, 280).

Un bœuf isiaque, *Apis* ou *Mnévis*, d'un excellent travail; il porte sur la tête un croissant, symbole de la grande divinité des Egyptiens, la même encore que la Lune.

FIN DU IV.e VOLUME. — I.er DES BRONZES.

TABLE DES MATIÈRES

CONTENUES

Dans le 4.e Volume des Antiquités d'Herculanum,

TOME I.er DES BRONZES, BAS-RELIEFS ET BUSTES.

Fin de la Table.

www.ingramcontent.com/pod-product-compliance
Ingram Content Group UK Ltd.
Pitfield, Milton Keynes, MK11 3LW, UK
UKHW020340230726
13925UKWH00003B/891

9 782013 503723